Tagore
Textos escogidos

Enrique Gallud Jardiel

Tagore
Textos escogidos

Copyright © 2020 Enrique Gallud Jardiel
Todos los derechos reservados.

ÍNDICE

Rabindranath Tagore	9
La religión de un artista	15
La escuela de un poeta	51
Aforismos	79

RABINDRANATH TAGORE

Rabindranath Tagore es el más internacional de todos los literatos indios modernos y, sin duda, el más conocido en Occidente. Destacó en muchos campos artísticos, pues además de su labor como poeta, comediógrafo, novelista y ensayista, fue pintor, músico, maestro estético y, sobre todo, un gran reformador social, una figura nacional muy respetada y honrada durante toda su vida.

Nació en Calcuta en 1861, en el seno de una familia de terratenientes de Bengala, comprometida con la modernización de la India y el llamado Renacimiento Hindú, que pretendía defender los valores indios tradicionales frente a los occidentales. Su padre, Debendranath Tagore, fue un reformador religioso y social de gran influencia en la India del cambio de siglo. La tradición artística de su familia enriqueció la sensibilidad del joven Rabindranath y amplió sus horizontes vitales.

Durante su vida viajó continuadamente por todo el mundo, conferenciando sobre temas filosóficos. Participó en las más palpitantes cuestiones de su momento: en la reforma religiosa, en el movimiento independentista, en el acercamiento entre Oriente y Occidente.

En 1913 recibió el Premio Nobel por su colección de poemas *Gîtânjali* [Ofrenda lírica], siendo el primer asiático en obtener dicho galardón. En 1915 se le otorgó el título de Caballero del Imperio Británico. Pero en el año de 1919, a raíz de la matanza de Jallianwala Bagh —un acto represivo del gobierno inglés donde un gran número de indios perdieron la vida—, lo devolvió.

Falleció en 1941.

Rabindranath fue autor muy prolífico y pedagogo de gran originalidad e imaginación. Se le conoce en todos los círculos intelectuales y sus obras han sido traducidas a la mayor parte de los idiomas importantes. El *corpus* de su labor literaria lo constituyen ocho novelas, veinticuatro comedias, mil poemas y más de dos mil canciones, aparte de varios ensayos e innumerables artículos.

Escribió en bengalí e inglés. En él se halla el influjo de los poetas místicos medievales de Bengala, de Ram Mohan Roy y de las *Upanishad*, los comentarios filosóficos a los *Veda*. Su estilo es sencillo y elegante, con gran sensibilidad para aprovechar las posibilidades estéticas del idioma. Su producción poética se caracteriza por su extremado lirismo y emoción. Sus ensayos y artículos de opinión son claros y precisos. En sus novelas y piezas teatrales destaca el alto contenido de conciencia social y compromiso con los desfavorecidos. Su obra más importante es *Sadhana*, donde expone con toda nitidez su sistema de pensamiento. Es, esencialmente, un poeta místico y los elementos con los que construye su obra literaria se asemejan a los universales de la filosofía. Esta universalidad es la que lleva a que Tagore sea entendido y apreciado en el contexto indio y también fuera de él.

Su labor creativa abarcó otros aspectos artísticos. Destacó como músico, creando un estilo propio para sus canciones, de las que componía letra y música. Fue aclamado también como uno de los más inspirados pintores que ha producido la India moderna.

En el terreno político y pese a haber recibido una educación prooccidental, Rabindranath no dejó de criticar a Inglaterra por su colonialismo, afirmando que era una vergüenza que la civilización occidental, con todos sus logros palmarios en la ciencia y la organización social, explotara despiadadamente a los países menos favorecidos.

«El gran centinela de la India», como Gandhi le definiera, mostró siempre una gran preocupación por la situación social de sus compatriotas. Promovió la eliminación de lacras sociales tales como el matrimonio infantil, la intocabilidad, etc. En su novela *Gora*, escrita contra la aristocracia bengalí, atacó al sistema de castas, lo que le acarreó la enemistad de muchos. Él se hallaba convencido de que los males de la India radicaban en una educación deficiente a la que intentó cambiar de manera radical. Creía firmemente que transformando a los jóvenes y niños indios se lograría la transformación de su patria.

Como contribución concreta a sus planes de reforma de la educación, en 1901 fundó Shantiniketan [Morada de paz], una escuela emplazada en un bosque y dedicada a retiros espirituales. En este proyecto recogió la antigua tradición india en la que los maestros se congregaban en los bosques, para poder meditar, estudiar y enseñar en paz y armonía. Se instaló en la localidad de Bolpur. En 1918 a la escuela se le reconoció el rango de universidad y se rebautizó con el nombre de Vishva Bharati [La India Universal].

Tagore insistió siempre en la bondad y eficacia de los retiros, donde la comunión del hombre con la naturaleza era completa y que han dejado su impronta en la civilización india. En ellos se percibía la continuidad y el ciclo de la vida y el espíritu en plantas, animales y seres humanos. En dichos retiros se enseñaba una religión basada en la unidad de todas las formas de vida y una ética basada en el pacifismo. No se pretendía vencer a la Naturaleza, sino vivir en ella.

Como complemento a sus teorías pedagógicas fundó también Shrîniketan [Morada de la mujer], la primera universidad especialmente dedicada a las mujeres y al estudio de sus condiciones sociales y problemas específicos.

Su visión de Occidente no era muy halagüeña, pues consideraba que allí se había perdido la perspectiva espiritual. Según sus postulados, la labor de la India era la de servir de marco al experimento de la unión y reconciliación de diferentes razas, religiones y civilizaciones en un mismo lugar geográfico.

En cuanto a su doctrina filosófica de renovación del hinduismo, es un misticismo de carácter ético, con marcados influjos de Kant y Fichte. Tagore abogó por un humanismo a ultranza, pues sólo donde surgen sentimientos de humanidad puede florecer la civilización. Las conquistas materiales son cosa relativa y tan sólo sirven de complemento cuando se avanza también en cuestiones espirituales y éticas. Criticó aquellas formas de misticismo que se centran únicamente en la unión con Dios y no se interesan por la unión con el mundo que Dios ha creado. No fue partidario del ascetismo, pues opinaba que se debe pertenecer a Dios con el alma, pero que se le debe servir activamente en el mundo.

La religión de Tagore es totalmente optimista. A sus ojos, el universo se encuentra regido por la belleza, la armonía y el orden. Su espiritualidad está basada en la unicidad de toda la vida, humana o no humana. Lo divino y lo humano, lo universal y lo particular se entrelazan y complementan. Lo divino se define a sí mismo en lo humano y lo humano alcanza lo divino a través de la intensidad del vivir. Rabindranath identifica a Dios con el amor y cree que el amor a las criaturas es la forma más fácil y directa de percibir al Absoluto. Además, insiste reiteradamente en la relación entre poesía y religión, haciendo del arte un eficacísimo instrumento de evolución espiritual.

LA RELIGIÓN DE UN ARTISTA

I

Nací en 1861. No es que ésta sea una fecha importante de la historia; pero sí pertenece a una gran época en Bengala, en la que las corrientes de tres movimientos se encontraron en la vida de nuestra región. Uno de ellos, el religioso, lo introdujo un hombre de gran corazón y gigantesca inteligencia: Raja Rammohan Roy. Era un movimiento revolucionario, pues trataba de reabrir las fuentes de la vida espiritual que habían estado cegadas durante muchos años por la arena y los desechos de doctrinas formalistas y materialistas, fijadas en prácticas externas y carentes de significado espiritual. Las gentes que se aferran a su antiguo pasado ponen su orgullo en la antigüedad de cuanto han acumulado y consideran sublimes los venerables muros que les rodean. Se ponen nerviosos e inquietos cuando algún gran espíritu, algún amante de la verdad, rompe su recinto cerrado y lo inunda con el resplandor del pensamiento y el aliento de la vida. Las ideas causan el movimiento y ellos consideran todo movimiento hacia adelante como una amenaza para la seguridad de su legado.

Esto estaba sucediendo en la época en que yo nací. Tengo a gala decir que mi padre fue uno los grandes dirigentes de este movimiento, a causa del cual sufrió el ostracismo e hizo frente a muchas humillaciones sociales. Yo nací en esta atmósfera del advenimiento de nuevos ideales que eran también viejos, más viejos que todas las cosas de las que esa época se sentía orgullosa.

Había también un segundo movimiento igualmente importante. Bankim Chandra Chatterji, quien, aunque mucho mayor que yo, era contemporáneo mío y vivió lo suficiente para que yo lo conociese, fue el pionero de la revolución literaria que tuvo lugar por aquel tiempo en Bengala. Antes de su aparición, nuestra literatura había estado oprimida por una retórica rígida que la ahogaba y la recargaba de adornos que se convertían en grilletes. Bankim Chandra tuvo el valor suficiente para ponerse en contra de la ortodoxia, que creía en la seguridad de los mausoleos y en esa finalidad que sólo puede pertenecer a las cosas inanimadas. Él levantó el peso muerto de las cosas rimbombantes que sofocaba nuestra lengua y, con un toque de su varita mágica, sacó a nuestra literatura de su largo sueño de siglos. Cuando se despertó en toda la plenitud de su fuerza y de su gracia, nos ofreció una gran promesa y una visión de belleza.

Aún había otro movimiento que comenzaba por entonces al que se llamó Movimiento Nacional. No era enteramente político pero empezaba a manifestar en palabras el pensamiento de nuestro pueblo, que trataba de afirmar su propia personalidad. Era una voz de impaciencia hacia las humillaciones que nos eran constantemente infligidas por gentes que no eran orientales y que tenían, especialmente en aquella época, el hábito de dividir tajantemente el mundo humano en bueno y malo, según a los hemisferios a que perteneciera cada hombre.

Este despectivo espíritu de separación nos hería permanentemente y causaba gran daño a nuestro propio mundo cultural. Generaba en nuestras juventudes un sentimiento de disgusto hacia todas las cosas que habían recibido como herencia de su pasado. Las antiguas pinturas indias y otras obras de arte eran ridiculizadas por nuestros estudiantes, remedando las burlas de sus maestros europeos en aquella época de filisteísmo.

Aunque algo más tarde nuestros maestros mismos cambiaron sus ideas, sus discípulos apenas si habían comenzado a recuperar la confianza en el mérito de nuestro arte. Durante un largo período de tiempo se les había incitado a desarrollar un gusto por las copias de tercera clase de cuadros franceses, por chillonas oleografías abyectamente inferiores, por obras que era producto de una minuciosidad mecánica y estereotipada; y todavía consideraban como signo de poseer una cultura superior el hecho de ser capaces de rechazar con desdén las obras de arte orientales.

Los jóvenes modernos de ese período sacudían la cabeza y decían que la verdadera originalidad no reside en el descubrimiento del ritmo de lo esencial en el corazón de la realidad, sino en los labios llenos, las tristes mejillas y los senos desnudos de los cuadros importados. El mismo espíritu de rechazo, nacido de una profunda ignorancia, se cultivaba en otros sectores de nuestra cultura. Era el resultado del hipnotismo ejercido sobre las mentes de la nueva generación por gentes que tenían la voz potente y fuerte el brazo. El Movimiento Nacional se inició para proclamar que no debemos rechazar el pasado sin discriminación. No era un movimiento reaccionario, sino revolucionario, porque se lanzó con gran coraje a negar todo orgullo depositado en cosas prestadas y a oponerse a él.

Estos tres movimientos estaban en marcha y en los tres tomaban parte activa miembros de mi familia. Fuimos proscritos a causa de nuestras opiniones heterodoxas sobre religión y, como consecuencia, disfrutábamos de la libertad del que no tiene casta. Tuvimos que crear nuestro propio mundo con nuestro propio pensamiento y energía mentales.

Yo nací y me crié en una atmósfera en que concluían los tres movimientos, todos los cuales eran revolucionarios. Mi familia tenía que vivir su propia vida, lo cual me llevó desde mis primeros años a buscar guía para mi expresión en mi propia capacidad interna de juicio. El medio de expresión, evidentemente, era mi lengua materna. Pero el idioma que pertenecía al pueblo había de ser modulado según las aspiraciones que me movían a mí como individuo.

Ningún poeta debe tomar prestado un medio de expresión prefabricado en la tienda de la respetabilidad ortodoxa. No sólo debería tener sus propias semillas, sino también preparar su propio suelo. Cada poeta tiene su propia y distinta forma de lenguaje, no porque crea el idioma por entero, sino porque el uso particular que de él hace, al llevar el toque mágico de la vida, lo transforma en vehículo especial de su propia creación.

Los hombres llevan la poesía en lo más recóndito de su corazón y les es necesario dar, en la medida de lo posible, una perfecta expresión a sus sentimientos. Para ello han de tener a su alcance un medio, un lenguaje dúctil y sencillo, que pueda siempre ser verdaderamente suyo, a lo largo de las edades. Todas las grandes lenguas han sufrido y están sufriendo todavía cambios. Aquellos idiomas que se resisten al espíritu del cambio, están condenados y nunca producirán grandes cosechas de pensamiento y literatura. Cuando las formas se estratifican, el espíritu o bien acepta por debilidad el ser aprisionado dentro de ellas o se rebela. Toda revolución consiste en la lucha de lo interno contra la invasión de lo externo.

Hubo un gran capítulo en la historia de la vida sobre la tierra, cuando cierta fuerza interior irresistible del hombre halló su camino en el esquema de las cosas y alzó su voz en rebeldía triunfante, al grito de que no se dejaría aplastar desde fuera por la bestia bruta de un cuerpo. ¡Cuán desamparado parecería en ese momento! Y, sin embargo, ¿no estaba acaso a punto de vencer? En nuestra vida social también empieza la revolución cuando algún poder se concentra en una organización externa que amenaza con esclavizar, para sus propios fines, a la fuerza que llevamos dentro de nosotros.

Cuando una organización, que es una máquina, se convierte en un poder central, político, comercial, didáctico o religioso, obstruye el libre flujo de la vida interior de la gente, se apodera de él y lo explota para aumentar su propia fuerza. Hoy está creciendo rápidamente en el exterior una concentración de poder de este tipo y el grito del espíritu oprimido del hombre se halla en el aire, luchando por liberarse de las garras de las tuercas y clavijas, de obsesiones inexpresables.

La revolución ha de venir y los hombres han de arriesgarse a sufrir ultrajes e incomprensión, especialmente de parte de aquellos que desean vivir cómodamente, que ponen su fe en el materialismo y que no pertenecen verdaderamente a los tiempos modernos sino al pasado muerto, a ese pasado que tuvo su momento en la lejana antigüedad, cuando predominaba la fuerza y el tamaño del cuerpo y no la mente del hombre.

El dominio puramente físico es mecánico y las máquinas modernas son meras exageraciones de nuestros cuerpos, que alargan y multiplican nuestros miembros. La mente moderna, con su infantilismo innato, se deleita en este enorme bulto corpóreo, que representa un desordenado poder material, diciendo: «Déjame jugar con ese juguete tan grande que no tiene sentimientos que le trastornen.» No se da cuenta de que con esto estamos regresando a esa edad antediluviana que se caracterizó por la producción de estructuras físicas gigantescas que no dejaban espacio para la libertad del espíritu libre.

Todos los grandes movimientos humanos del mundo están relacionados con algún gran ideal. Algunos de vosotros diréis que semejante doctrina del espíritu ha estado agonizando durante un siglo y se halla ahora moribunda; que no tenemos nada sobre lo que apoyarnos, más que fuerzas externas y cimientos materiales. Pero yo, por mi parte, digo que vuestra doctrina era obsoleta hace ya largo tiempo. Quedó destruida ya en los albores de la vida, cuando las bestias de gran tamaño desaparecieron de la faz del mundo y fueron reemplazadas por el hombre, que llegó desnudo al centro de la creación: el hombre, con su cuerpo indefenso, pero con mente y espíritu indomables.

Cuando empecé mi vida como poeta, los escritores que formaban parte de nuestra comunidad educada no se regían por sus libros de texto ingleses, que volcaban sobre ellos lecciones que no saturaron por completo sus mentes. Supongo que fui afortunado pues nunca en mi vida tuve la clase de educación académica que se consideraba apropiada para un chico de una familia respetable. Aunque no puedo decir que estuviera libre por completo del influjo que dirigía las mentes jóvenes de aquellos días, el curso de mi escritura se salvó, no obstante, de caer en la tumba de la imitación. En mi versificación, vocabulario e ideas, me dejaba arrastrar a las vaguedades de una fantasía incontrolada, lo que atrajo las censuras de los críticos cultos y las risas estrepitosas de los chistosos. Mi ignorancia, combinada con mi herejía, hizo de mí un paria literario.

Cuando empecé mi carrera, yo era ridículamente joven; de hecho, era el más joven del grupo de los que empezábamos a expresarnos. No tenía ni la armadura protectora de la edad madura, ni sabía bastante inglés para hacerme respetar. Así, en mi aislamiento, entre mis desprecios y estímulos valiosos, tuve libertad. Gradualmente fui creciendo en años —por lo que, sin embargo, no me adjudico mérito alguno— y fui abriéndome camino firmemente entre las burlas y alguna protección ocasional hasta lograr un reconocimiento en el que la proporción de elogios y censuras era muy similar a la de la tierra y el agua en nuestro planeta.

Lo que me dio atrevimiento cuando era joven fue mi temprano conocimiento de los viejos poemas vishnuitas de Bengala, llenos de libertad métrica y valentía de expresión. Creo que tenía solamente doce años cuando comenzaron a reimprimirse por primera vez esos poemas. Me apropié subrepticiamente de copias tomadas de los pupitres de mis mayores. Para edificación de los jóvenes, debo confesar que eso no estaba bien en un niño de mi edad. Hubiera debido estar, por entonces, haciendo los exámenes y no siguiendo un sendero que había de conducirme a perder puntos de calificación. Debo admitir también que la mayor parte de esos poemas líricos era erótica y no muy adecuada para un niño apenas entrado en la adolescencia. Pero mi imaginación estaba enteramente ocupada con la belleza de su forma y la música de sus palabras, y su aliento pesadamente cargado de voluptuosidad, pasaba sobre mi mente sin distraerla.

Mis vagabundeos en la senda de mi carrera literaria tenían otra razón de ser. Mi padre era el dirigente de un nuevo movimiento religioso, un monoteísmo estricto basado en las enseñanzas de las *Upanishads*. Mis compatriotas de Bengala le consideraban tan malo como un cristiano, si no peor. De modo que estábamos completamente proscritos; lo cual probablemente nos libró de otro desastre: el de imitar nuestro propio pasado.

La mayoría de los miembros de mi familia tenía algún don. Unos eran artistas, algunos poetas, algunos músicos, y la atmósfera toda de nuestro hogar estaba imbuida del espíritu creador. Casi desde la infancia he tenido un hondo sentimiento de la belleza de la naturaleza, una íntima sensación de camaradería con los árboles y las nubes, y me sentía en armonía con la vibración musical de las estaciones en el aire. Al mismo tiempo, tenía una susceptibilidad peculiar para con la ternura humana. Todo esto exigía expresarse. La misma seriedad de mis emociones ansiaba ser auténtica para ellas, aunque yo no era aún lo bastante maduro para dar a su expresión ninguna perfección de forma.

Desde entonces he logrado tener una reputación en mi país, pero en un amplio sector de mis compatriotas persistió durante largo tiempo una fuerte corriente de antagonismo. Algunos decían que mis poemas no brotaban del alma nacional; otros se quejaban de que eran incomprensibles; otros de que eran incompletos. De hecho, mi propio pueblo no me ha aceptado nunca por completo y también esto ha sido una bendición; pues nada hay de más desmoralizador que el éxito inmerecido.

Esta es la historia de mi carrera. Desearía poder revelarla más claramente narrando mi propia obra en mi propia lengua. Espero que un día u otro sea posible. Los idiomas son celosos. No entregan sus mejores tesoros a aquellos que intentan tratar con ellos a través de un intermediario que pertenece a un rival extranjero. Hemos de cortejarles personalmente y saber requebrarles. Los poemas no son cosas transferibles, como los artículos que se venden en el mercado. No podemos recibir las sonrisas y miradas de nuestra amada a través de un abogado, por muy diligente y obediente que sea.

Yo mismo he tratado de llegar al corazón de la belleza en la literatura de las lenguas europeas, mucho antes de que hubiera llegado a ganarme el pleno derecho a su hospitalidad. Cuando era joven, intenté aproximarme al Dante; desgraciadamente, a través de una traducción inglesa. Fracasé vergonzosamente y sentí que era un deber sagrado el desistir de ello. El Dante siguió siendo un libro cerrado para mí.

Quise conocer también la literatura alemana y leyendo a Heine en una traducción, pensé que había captado allí una vislumbre de belleza. Afortunadamente, encontré a una misionera alemana y requerí su ayuda. Trabajé duro durante varios meses; pero por tener una comprensión rápida —lo que no es una buena cualidad— no era perseverante. Tenía esa peligrosa facilidad que ayuda a comprender el significado de las cosas demasiado fácilmente. Mi profesora pensó que yo había ya casi dominado el idioma, lo cual no era cierto. Conseguí, no obstante, leer a Heine, como un sonámbulo que cruza con facilidad sendas desconocidas, y hallé inmenso placer en ello.

Entonces probé con Goethe. Pero eso era demasiado ambicioso. Con ayuda del poco de alemán que había aprendido, logré leer *Fausto*. Creo que tuve entrada en el palacio, no como el que tiene las llaves de todas las habitaciones, sino como un visitante ocasional que es tolerado y aposentado en algún cuarto de huéspedes, confortable, pero no íntimo. A decir verdad, no conozco bien a Goethe y de la misma manera muchos otros astros de la literatura son aún confusos para mí.

Es así como debe ser. El hombre no puede alcanzar el santuario si no hace la peregrinación. Así, no hay que esperar hallar nada auténtico de mi propio lenguaje en las traducciones.

En lo que se refiere a la música, yo mismo creo ser un poco músico. He compuesto canciones que desafían los cánones de la corrección ortodoxa y las buenas gentes sienten disgusto ante la impudicia de un hombre que es audaz solamente porque carece de preparación. Pero yo reincido en ello y Dios me perdona porque no sé lo que me hago. Posiblemente sea ésta la mejor forma de hacer cosas en la esfera del arte. Pues hallo que las gentes me censuran, pero también cantan mis canciones, aunque no siempre lo hagan correctamente.

No se piense, por favor, que soy un vanidoso. Puedo juzgarme a mí mismo con objetividad y puedo expresar abiertamente admiración por mi propia obra, precisamente porque soy modesto. No dudo en afirmar que mis canciones han encontrado un lugar en el corazón de mi tierra, junto con sus flores que nunca se agotan, y que las gentes futuras, en días de alegría o de tristeza o en los festivales, habrán de cantarlas. También éste es el trabajo de un revolucionario.

Si me siento reacio a hablar sobre mi propio punto de vista sobre religión, es porque no he llegado a mi propia religión a través de los pórticos de la aceptación pasiva de un credo determinado, debido a una circunstancia de nacimiento. Yo nací en una familia de pioneros del renacimiento en nuestra tierra, en una religión basada en los dichos de los sabios indios, en las *Upanishads*. Pero debido a mi propia idiosincrasia me era imposible aceptar ninguna enseñanza religiosa por el único motivo de que la gente que me rodeaba la considerara verdadera. No lograba persuadirme a mí mismo a creer que tenía una religión simplemente porque todos aquellos en quienes podía confiar creían en su valor.

Mi religión es, esencialmente, la religión del poeta. Su contacto se realiza a través de los mismos canales invisibles y sin pistas por los que me llega la inspiración de mi música. Mi vida religiosa ha seguido la misma misteriosa línea de crecimiento que mi vida poética. De alguna forma, están casadas una con otra y aunque las ceremonias de su compromiso habían durado largo tiempo, se mantuvieron en secreto para mí. Espero no estar equivocado cuando confieso mi don para la poesía, que es un instrumento de expresión que responde delicadamente al aliento que sale de la profundidad del sentimiento. Desde mi infancia he tenido una aguda sensitividad que mantiene mi mente siempre vibrando con la consciencia del mundo natural y humano que me rodea.

He sido bendecido con ese sentimiento de asombro que le da al niño el derecho de entrar en la cámara del tesoro del misterio que yace en el corazón de la existencia. Descuidé mis estudios porque me empujaban rudamente fuera del mundo circundante, que era mi amigo y mi compañero; y cuando tuve trece años, me liberé a mí mismo de las garras de un sistema educativo que trataba de mantenerme prisionero entre los muros de piedra de las clases.

Yo tenía una noción muy vaga de quién o qué era lo que tocaba las cuerdas de mi corazón, como el niño que no conoce el nombre de su madre, quién o qué es ella. El mismo sentimiento que tenía yo siempre era de una honda satisfacción de la personalidad, que fluía dentro de mi naturaleza, a través de canales vivientes de comunicación que afluían de todos lados.

Fue muy importante para mí el que mi consciencia nunca fuese insensible a los hechos del mundo circundante. El que una nube fuese una nube y una flor fuese una flor, era suficiente, porque ellas me hablaban a mí directamente y no podía ser indiferente a ellas. Todavía recuerdo el instante preciso en que una tarde, al regresar del colegio, descendí del carruaje y vi súbitamente el cielo, más allá de la terraza superior de nuestra casa: una exuberancia de nubes lluviosas, obscuras y profundas, pintando de ricas y frías sombras la atmósfera. La maravilla de todo ello, la generosidad misma de su presencia me dio un gozo que era libertad, la libertad que sentimos en el amor de un amigo querido.

Hay un ejemplo en el que imaginaba que un extranjero de otro planeta hace una visita a nuestra tierra y oye el sonido de la voz humana en un gramófono. A sus ojos, lo que resulta evidente y aparentemente muy activo es el girar del disco; es incapaz de descubrir la verdadera entidad de la persona que se oculta tras él y así aceptar el hecho científico e impersonal del disco como final: el hecho que puede ser tocado y medido. Este ser se sentiría asombrado de que una maquina pudiera hablar al alma. Pero si tratando de descubrir el misterio llegase de repente al corazón de la música al encontrarse de pronto con el compositor, comprendería en el acto el sentido de esa música como una forma de comunicación personal.

La simple información sobre los hechos, el mero descubrimiento de las fuerzas actuantes, pertenece a la exterioridad de las cosas y no a su alma íntima. El contenido es el criterio real para apreciar la verdad, como lo comprobamos cuando lo hemos rozado, por la música que nos trae, por el gozo del saludo que se adelanta a encontrar la verdad que está en nosotros. Éste es el verdadero fundamento de todas las religiones; no está en los dogmas. Como he dicho antes, no es en forma de ondas etéreas como recibimos la luz; el amanecer no espera a que llegue algún científico para presentárnosla. De un modo similar alcanzamos la realidad infinita inmediata que hay en nosotros, únicamente cuando percibimos la pura verdad de amor o de bondad; no a través de las explicaciones de los teólogos, ni mediante la culta discusión de doctrinas éticas.

He confesado ya que mi religión es la religión del poeta; todo lo que siento hacia ella proviene de visiones y del conocimiento. He de decir con franqueza que no puedo responder satisfactoriamente a preguntas sobre el problema del mal o sobre lo que sucede después de la muerte. Y, no obstante, estoy seguro de que ha habido instantes en que mi alma ha rozado el infinito y se hecho intensamente consciente de él mediante un estallido de gozo. Se ha dicho en nuestras *Upanishads* que nuestra mente y nuestras obras se alejan, confundidas, de la Verdad suprema; pero que aquél que conoce Eso a través del gozo inmediato de su propia alma, está a salvo de todas las dudas y de todos los temores.

En la oscuridad de la noche, tropezamos con las cosas y nos hacemos agudamente conscientes de su individualidad separada; pero el día revela la gran unidad que las abarca a todas. Y el hombre cuya visión interior está bañada en la luz de su consciencia, comprende en el acto la unidad espiritual que reina suprema sobre todas las diferencias de raza y su mente ya no tropieza torpemente con los hechos particulares de separatividad del mundo humano, aceptándolos como finales, sino que se da cuenta de que la paz está en la armonía interna que reside en la verdad y no en otra organización, y que la belleza contiene una confirmación eterna de nuestro parentesco con la realidad, que aguarda a perfeccionarse en la respuesta de nuestro amor.

II

El renombrado comentarista védico Sayanacharya, dice: «Se ensalza la comida sobrante de la ofrenda al acabar los ritos del sacrificio, porque es un símbolo de Brahma, la fuente original de universo.»

Según esta explicación, Brahma es ilimitado en su exuberancia, que inevitablemente encuentra expresión en el eterno proceso del mundo. Aquí hallamos la doctrina del génesis y, en consecuencia, el origen del arte. Entre todas las criaturas vivientes del mundo, el hombre posee una energía vital y mental ampliamente superior a sus necesidades, lo que le impele a trabajar en diversas líneas de creación por su propio gusto. Cómo el propio Brahma, se regocija produciendo cosas que son superfluas y que, por lo tanto, representan el fruto de su extravagancia y no de sus necesidades más apremiantes. Una voz escasa puede hablar y gritar sobre lo preciso para atender a los asuntos de cada día: pero la voz potente, canta; y en esto encontramos nuestro placer. El arte revela la riqueza vital del hombre, que busca su libertad en formas de perfección que son un fin en sí mismas.

Todo lo que es inerte e inanimado está limitado por el simple hecho de la existencia. La vida es perpetuamente creadora porque contiene en sí ese exceso que desborda siempre las fronteras del tiempo y del espacio inmediato persiguiendo incansablemente su aventura de manifestarse en las variadas formas de autorrealización. Nuestro cuerpo viviente tiene sus órganos vitales que son importantes para mantener su eficiencia, pero ese campo no es meramente un saco apropiado para el propósito de contener estómago, corazón, pulmones y cerebro; es una imagen, cuyo más alto valor consiste en el hecho de que comunica su personalidad. Tiene color, forma y movimiento, la mayor parte de los cuales pertenecen a lo superfluo, que se necesita sólo para la autoexpresión y no para la autoconservación.

Esta atmósfera viviente de superabundancia en el hombre está dominada por su imaginación, como la atmósfera de la tierra lo está por la luz. Nos ayuda a integrar hechos esporádicos en una visión de armonía y a traducirla luego plasmándola en nuestras obras en razón de su perfección; evoca en nosotros al Hombre Universal que es el vidente y el hacedor en todo tiempo y país. La inmediata consciencia de la realidad en su forma más pura, no velada por las sombras del egoísmo, independiente de consideraciones morales o utilitarias, nos da gozo, como lo hace la propia personalidad al revelarse a sí misma. Lo que en el lenguaje común llamamos belleza, que se halla en la armonía de líneas, colores, sonidos o agrupaciones de palabras y pensamientos, nos deleita solamente porque no podemos rehusar el admitir una verdad que es esencial. «El amor es suficiente», ha dicho el poeta. El amor lleva en si su propia explicación, el gozo de lo que sólo puede ser expresado en su forma artística, que tiene también esa finalidad. El amor ofrece evidencia de algo que está fuera de nosotros, pero que existe con intensidad y, así, estimula el sentimiento de nuestra propia existencia. Revela radiantemente la realidad de su objeto, aunque éste pueda carecer de cualidades valiosas o brillantes.

El «Yo soy» que hay en mí, comprende su propia dimensión, su propia infinitud, siempre que comprende verdaderamente cualquier otra cosa. Desgraciadamente, debido a nuestras limitaciones y a las mil y una causas de preocupación que nos acosan, una gran parte de nuestro mundo, a pesar de rodearnos estrechamente, se encuentra lejos del foco de nuestra atención; es gris y pasa ante nosotros en una caravana de sombras, como el paisaje entrevisto en la noche desde la ventanilla del iluminado departamento de un tren: el viajero sabe que el mundo exterior existe, que es importante; pero, por el momento, el vagón de ferrocarril tiene más sentido para él. Si entre los innumerables objetos de este mundo hay unos pocos que representen ante la entera luz de nuestra alma, asumiendo así realidad para nosotros, llamarán sin cesar a nuestra mente creativa, pidiendo una permanente representación. Ellos pertenecen al mismo dominio que ese deseo nuestro que representa el anhelo de permanencia de nuestro propio ser.

No quiero decir con esto que las cosas a las que estamos atados por lazos de interés tengan esa inspiración de realidad; por el contrario, esas quedan eclipsadas por la sombra de nuestro propio ser. El criado no es más real para nosotros que el amado. El mezquino énfasis puesto en el aspecto utilitario divierte nuestra atención del hombre completo al hombre meramente útil. La gruesa etiqueta del precio del mercado oblitera el valor esencial de la realidad.

El hecho de que existimos tiene su verdad en el hecho de que existen también todas las demás cosas y el «Yo soy» que está en mí, trasciende su finitud siempre que se realiza a sí mismo profundamente en el «Tú eres». Este cruce del límite personal produce gozo, el gozo que hallamos en la belleza, en el amor, en la grandeza. El olvido de uno mismo y, en un grado más alto, el autosacrificio son nuestro reconocimiento de esta experiencia del infinito. Ésta es la filosofía que explica el placer que nos dan las artes, que intensifican en sus creaciones el sentimiento de unidad, que es la unidad de la verdad que llevamos dentro de nosotros. La personalidad que hay en mí es un principio autoconsciente de una unidad viviente; a un tiempo comprehende y trasciende todos los detalles de los hechos que son individualmente míos: mi conocimiento, mis sentimientos, deseos y voluntad, mi memoria, mi amor, mis actividades y todas mis pertenencias. Esta personalidad, que lleva en su naturaleza el sentimiento del «Uno», lo percibe en las cosas, en los pensamientos y en los hechos unificados. El principio de unidad que contiene se satisface con más o menos perfección en un rostro bello o en un cuadro, un poema, una canción, un personaje o un conjunto de ideas o hechos armónicamente interrelacionados; y, entonces, estas cosas se vuelven para él intensamente reales y, en consecuencia, placenteras. Su nivel de realidad, la realidad que halla su manifestación perfecta en la perfección de la armonía, queda herido cuando existe una sensación de discordia, porque la discordia va contra la unidad fundamental que está en su centro.

Todos los demás hechos nos han llegado en el curso gradual de nuestra experiencia y nuestro conocimiento de ellos está constantemente sufriendo cambios contradictorios a medida que obtenemos nueva información sobre los mismos. Nunca podemos estar seguros de haber llegado a conocer el carácter definitivo de nada de lo que existe. Pero ese conocimiento viene a nosotros inmediatamente, trayendo una convicción que no necesita argumentos que la apoyen. Esto es: todas mis actividades tienen su origen en esa personalidad mía, que es indefinible y de cuya autenticidad estoy, sin embargo, más cierto que de ninguna otra cosa en este mundo. Aunque toda la evidencia directa que pueda ser pesada y medida apoya el hecho de que solamente son mis dedos los que están haciendo marcas sobre el papel, no obstante, ningún hombre cuerdo puede dudar jamás de que no son esos movimientos mecánicos el verdadero origen de mis escritos, sino cierta entidad que nunca puede ser conocida, a menos de serlo a través de la simpatía. De este modo hemos llegado a percibir en nuestra propia persona los dos aspectos de nuestras actividades, de los cuales uno es el aspecto de la ley representada en el medio y otro el de la voluntad que reside en la personalidad.

La limitación de lo ilimitado es personalidad: Dios es personal allí donde crea.

Él acepta los límites de su propia ley y el juego continúa, el juego que es este mundo, cuya realidad se halla en su relación con la persona divina. Las cosas no son diferentes en su esencia, sino en su apariencia; en otras palabras, en su relación con aquel a quien se le aparecen. Esto es el arte, cuya verdad no está en la substanciado en la lógica, sino en la expresión. La verdad abstracta puede pertenecer a la ciencia o a la metafísica, pero el mundo de la realidad pertenece al arte.

El mundo considerado como arte es el juego de la Persona Suprema revelándose en la creación de imágenes. Tratad de encontrar los eternos secretos de la apariencia. En el esfuerzo por capturar la vida manifestada en los tejidos vivos hallaréis carbono, nitrógeno y muchas otras cosas totalmente distintas de la vida, pero jamás la vida misma. La apariencia no ofrece interpolación alguna de su ser en sus componentes físicos. Podéis llamarla *maya* y pretender no creer en ella; pero el gran artista, el *mayavin*, no se siente herido por ello. Pues el arte es *maya*; no tiene otra explicación sino que parece ser lo que es. Nunca trata de ocultar su evasividad, se burla incluso de sus propias definiciones y juega al escondite mediante su constante volar de cambio en cambio.

Y así, la vida, que es una incesante explosión de libertad, halla su metro en una continua caída en la muerte. Cada día, a cada instante incluso, ocurre una muerte. Si no fuese así sólo habría un desierto de inmortalidad eternamente mudo y silencioso. Por eso la vida es *maya*, como gustan de decir los moralistas; es y no es a un tiempo. Todo lo que podemos hallar en ella es el ritmo a través del cual se manifiesta. ¿Son algo mejor las rocas y los minerales? ¿No nos ha enseñado la ciencia que la diferencia última entre un elemento y otro es sólo de ritmo? Lo que distingue básicamente al oro del mercurio yace sólo en la diferencia del ritmo de su respectiva constitución atómica, igual que la distinción entre el rey y su súbdito, que no consiste en que tengan componentes diferentes sino en la diferente dimensión de sus situaciones y sus circunstancias. Aquí encontramos tras de las bambalinas, al Artista, al mago del ritmo, que imparte apariencia de sustancia a lo insustancial.

¿Qué es el ritmo? Es el movimiento generado y regido por una regulación armoniosa. Esta es la fuerza creadora que tiene en sus manos el artista. En tanto que las palabras permanecen en forma de prosa, sin cadencias, no producen ningún sentimiento duradero de realidad. En el momento en que se las coge y se las coloca en una sucesión rítmica, comienzan a vibrar radiantes. Lo mismo sucede con la rosa. En la carne de sus pétalos podéis hallar todo lo que sirvió para formar la rosa; pero la rosa, que es *maya*, una pura imagen, se pierde; su finalidad, que tiene el toque del infinito, se ha esfumado. La rosa se me aparece inmóvil, pero a causa de su metro de composición tiene un movimiento lírico dentro de esa inmovilidad que es idéntico a la cualidad dinámica de un cuadro que tenga perfecta armonía. Produce una música en nuestra consciencia, dándole una oscilación rítmica sincronizada con la suya propia. Si el cuadro consistiera en un amontonamiento inarmónico de colores y líneas, tendría la inmovilidad de la muerte.

En el ritmo perfecto, la forma artística se vuelve como las estrellas, que, en su aparente inmovilidad; no están jamás inmóviles; como una llama estática en la que no hay otra cosa sino movimiento. Un gran cuadro siempre está hablando, pero las noticias de un periódico, aun las de algún acontecimiento trágico, nacen muertas. Puede haber alguna noticia que, aun siendo un lugar común en el anonimato de un diario, tenga un ritmo propio que le haga ser brillante: esto es el arte. Tiene la varita mágica que da realidad imperecedera a todas las cosas que toca y las relaciona con nuestro ser personal. Nos paramos delante de sus obras y decimos: «Te conozco como me conozco a mí mismo; eres real.»

Un amigo mío chino, mientras atravesábamos las calles de Pekín, me llamó de pronto la atención, muy excitado, señalando a un burro. Generalmente, un burro no posee una especial realidad para nosotros, excepto cuando nos da una coz o cuando necesitamos sus servicios y se resiste a darlos. Pero en tales casos, el énfasis de verdad no está puesto en el burro en sí, sino en un propósito o en un dolor físico exteriores a él. La conducta de mi amigo chino me recordó en el acto los poemas chinos, en los que se halla tan espontáneamente sentido y tan simplemente expresado un delicioso sentido de la realidad.

Esta sensibilidad para el tacto de las cosas, tal abundancia de deleite al reconocerlas, quedan obstruidas, cuando se hacen innumerables e insistentes los objetivos que nos presionan en nuestra sociedad, cuando los problemas se amontonan en nuestro camino, reclamando nuestra atención y el movimiento de la vida es obstaculizado por cosas y pensamientos demasiado complicados para ser asimilados de forma armoniosa.

Esto se ha ido haciendo más y más evidente en la época actual, que concede más tiempo a la adquisición de los objetos necesarios para la vida que a su disfrute. De hecho, la vida misma queda supeditada a esas cosas materiales, como un jardín enterrado bajo los ladrillos amontonados para hacerle un muro. No se sabe cómo, la fiebre de los ladrillos y el mortero crece, el reinado de los escombros prevalece, los días de la primavera se pierden inútilmente y las flores no llegan a brotar.

Nuestra mente moderna, turista apresurado en su carrera por entre la variedad de las cosas superficiales, revuelve los mercados baratos de objetos curiosos que, en su mayoría, son ilusorios. Esto sucede porque su sensibilidad innata para los aspectos sencillos de la existencia está embotada a causa de las constantes preocupaciones que la distraen. La literatura que produce parece estar siempre metiendo la nariz en lugares insólitos, buscando cosas y efectos que se salgan de lo corriente. Tortura su inventiva para resultar sorprendente. Introduce variaciones de estilo impermanentes, como los accesorios modernos; y el resultado sugiere más el pulido del acero que el florecer de la vida.

Las modas literarias, que se fatigan rápidamente de sí mismas, rara vez brotan de lo hondo. Pertenecen a la precipitación frívola de lo superficial, con sus vocingleras exigencias de éxito inmediato. Semejante literatura, por su misma tensión, agota sus posibilidades de desarrollo interno y pasa rápidamente a través de cambios externos, como las hojas de otoño y lleva a cabo sus producciones con la ayuda de manchas y parches y «puestas al día», avergonzándose de su propia apariencia del día anterior. Sus expresiones son, a menudo, gesticulaciones, como el cactus del desierto, que carece de pudor en sus distorsiones y de paz en sus espinas, en cuya actitud se muestra erizada una agresiva descortesía, sugiriendo un orgullo forzado da la pobreza. A menudo encontramos algo análogo en algunos de los escritos modernos a los que es difícil ignorar a causa de sus picantes sorpresas y sus gestos paradójicos. La sabiduría no es infrecuente en estas obras, pero es una sabiduría que ha perdido la confianza en su dignidad serena, que teme verse ignorada por las multitudes que se sienten atraídas por lo extravagante y lo inhabitual. Es triste ver a la sabiduría esforzarse por parecer ingeniosa, como un profeta tocado con un gorro con cascabeles ante una muchedumbre admirada.

Pero en todas las grandes artes, literarias o de otro tipo, el hombre ha expresado los sentimientos que son normales en él, en una forma que es única y que, a la vez, no es anormal. Cuando Wordsworth describió en un poema el drama de una vida abandonada por el amor, invocó para su obra el patetismo usual esperado por todas las mentes normales en relación con tema semejante. Pero la imagen con que dio vida al sentimiento era inesperada; y, no obstante, todos los lectores sanos la aceptan con placer cuando les es presentada.

> ... un nido de pájaro abandonado
> y cubierto de nieve
> en medio de su propio arbusto
> de eglantina deshojada.

Por otro lado, he leído algunas obras modernas en las que la aparición de las estrellas al anochecer se describe como la súbita erupción de una enfermedad en el hinchado cuerpo de las tinieblas. El escritor parece tener miedo de apropiarse del sentimiento de que hay una pureza fría en la noche tachonada de estrellas, que es usual, para que no le acusen de utilizar un tópico. Desde el punto de vista del realismo, la imagen puede que no sea enteramente inapropiada y puede ser tal vez considerada como insultantemente viril en su intrépida barbarie. Pero esto no es arte; es un grito espasmódico, algo semejante a la publicidad convulsa del mercado moderno, que explota el psiquismo de las masas para provocar su atención. Sentirse tentado de crear una ilusión de vigor por el procedimiento de poner un énfasis acentuado en la anormalidad es un síntoma de embotamiento. Demuestra que el vigor de la imaginación se desvanece y emplea una destreza desesperada en el arte actual para producir un impacto con objeto de extraer en un fulgor la impresión de lo desacostumbrado. Cuando vemos que la literatura de cualquier período se dedica laboriosamente a la persecución de una novedad espuria en su estilo y temas, debemos saber que éste es un síntoma de vejez, de una sensibilidad anémica que trata de estimular su paladar estragado con el picante de la indecencia y el toque estremecedor de la intemperancia. Se me ha dado la explicación de que estos síntomas son principalmente fruto de una reacción contra la literatura del siglo pasado, que desarrolló un manierismo demasiado primoroso, dulzón y poco viril, por su lujo de adornos y la excesiva delicadeza de sus expresiones. Parecía haber alcanzado el límite extremo del refinamiento, que casi llegó a codificar sus formas convencionales, facilitando a las inteligencias mediocres el llegar a un nivel cómodo de respetabilidad literaria. Esta explicación puede ser cierta; pero, por desgracia, las reacciones raras veces poseen el aplomo de la espontaneidad. A menudo representan el anverso de la moneda que tratan de repudiar como falsa. Una reacción contra un amaneramiento determinado está propensa a producir para sus pinturas de guerra en un estilo deliberadamente elaborado de rudeza primitiva. Cansado de los lechos de flores cuidadosamente planeados, el jardinero procede con torva determinación a colocar por doquier rocas artificiales, evitando seguir la inspiración natural del ritmo, en deferencia a una moda de tiranía que es en sí misma una tiranía de la moda. En un culto de la rebelión se sigue el mismo instinto gregario que prevalecía en el culto de la conformidad; y el desafío, que es una mera contraposición de la obediencia, se muestra también obediente a su propio estilo desafiante. El fanatismo de la virilidad produce un fornido atletismo, adecuado para un circo, no la natural caballerosidad, que es modesta pero invencible y reclama su sitio de honor soberano en todas las artes.

Los que abogan por esta exhibición de rudeza ruidosa y sensacionalismo barato en el arte han dicho a menudo que éstos tienen su justificación en un reconocimiento imparcial de los hechos como tales; y, según ellos, el realismo no ha de censurarse ni aun cuando resulte andrajoso y maloliente. Pero cuando no se trata de algo que concierne a las ciencias, sino a las artes, hemos de establecer una distinción entre el realismo y la realidad. En su propia amplia perspectiva del ambiente normal, la enfermedad es una realidad que ha de ser reconocida en la literatura. Pero la enfermedad dentro de un hospital es un tipo de realismo para uso de la ciencia. Es una abstracción que, de permitírsele introducirse en la literatura, puede asumir una apariencia alarmante, a causa de su irrealidad. Tales espectros vagabundos no tienen una modulación propia en un entorno normal y presentan una forma de proporciones falsas, debido a la proporción en que se encuentran en su propio medio. Semejante cercenamiento de lo esencial no es arte, sino una argucia que explota la mutilación para hacer la aserción de una realidad falsa. Desafortunadamente no son raros los hombres que creen que lo que les sobresalta a la fuerza les permite también ver más que los hechos equilibrados y restringidos a los que ellos tienen que cortejar y vencer. Muy probablemente debido a la falsa noción de tiempo libre, tales personas están aumentando en número y las obscuras celdas de la psicología sexual y los almacenes de la virulencia moral se asaltan para proporcionarles el estímulo que desean creer que es el de una realidad estética.

Conozco un verso que cantan algunas gentes primitivas, que yo traduzco así: «Mi corazón es como un lecho de guijarros que oculta un arroyo alocado.» Los psicoanalistas pueden clasificarlo como un ejemplo de deseo reprimido y degradarlo así a un mero espécimen representativo de un hecho supuesto, como un trozo de carbón del que se sospecha que ha introducido de contrabando en su negrura el vino llameante del sol de una edad olvidada. Pero esto es literatura y sea cual fuere el estímulo que empujó a ese pensamiento a hacerse canción, el hecho significativo es que ha tomado la forma de una imagen, de una creación de carácter único y personal y, no obstante, universal. El hecho de la represión de un deseo es común y frecuente; pero esta expresión particular es singularmente poco común. La mente del oyente se conmueve, no porque se trate de un hecho psicológico, sino porque es un poema individual que representa una realidad personal y pertenece a todas las épocas y a todos los lugares del mundo humano.

Pero esto no es todo. Este poema debió sin duda su forma a la mano de la persona que lo compuso, pero al mismo tiempo, con un gesto de extremado desinterés, ha trascendido su materia prima, el estado de ánimo del autor, y ha obtenido su liberación de cualquier atadura biográfica, adquiriendo una perfección rítmica que es preciosa en su propio mérito exclusivo.

Hay un poema que confiesa en su título que se originó en un estado de abatimiento. Nadie puede afirmar que para una mente lúcida el sentimiento de melancolía tenga nada que pueda rememorarse con placer. Sin embargo, esos versos no se pueden olvidar, porque tan pronto como un poema toma forma, queda ya eternamente libre de su génesis, minimiza su historia y destaca su independencia. La tristeza que era solamente personal de un emperador quedó liberada en cuanto tomó la forma de un poema en piedra; se transformó en un triunfo sobre el lamento, en un desbordamiento de deleite, ocultando la negra roca de su sufriente origen. Lo mismo sucede con el resto de la creación. Una gota de rocío es una entidad perfecta, que no conserva memoria filial de su parentesco.

Cuando empleo la palabra «creación», quiero decir que a su través, ciertas abstracciones imponderables han asumido una realidad concreta en su relación con nosotros. Su sustancia puede ser analizada, pero no así esa unidad que aparece en su auto-presentación. La literatura, como arte, nos ofrece el misterio que hay en esa unidad. Leemos el poema:

> Nunca busques decir tu amor;
> el amor callado es posible,
> pues el suave viento se mueve
> silencioso e invisible.
> Yo dije mi amor, yo dije mi amor:
> abrí todo mi corazón
> tembloroso de frío y terrible miedo.
> ¡Oh! Ella me abandonó.
> Se fue e inmediatamente
> un viajero pasó por allí;
> silenciosa, invisiblemente
> se la llevó lejos de mí.

El poema tiene gramática, tiene vocabulario. Si lo fraccionamos trozo a trozo y tratamos de arrancar una confesión de cada uno de ellos, el poema que es «uno» se marcha lo mismo que el suave viento, silenciosa e invisiblemente. Nadie sabe cómo un poema sobrepasa todas sus partes, trasciende todas sus leyes y entra en comunicación con la persona. El significado que reside en la unidad es una maravilla perpetua.

En cuanto al sentido concreto del poema, podemos tener nuestras dudas. Si nos lo enseñaran en prosa ordinaria podríamos impacientarnos y sentirnos impulsados a contradecirlo. Con toda seguridad, pediríamos una explicación de quién era el viajero y porqué se llevó a su amor sin provocación razonable alguna. Pero en este poema no necesitamos pedir ninguna explicación, a menos que seamos irremediablemente adictos a hacer colección de significados, que es como la manía de hacer colección de mariposas muertas. El poema, como creación, que es algo más que una idea, conquista inevitablemente nuestra atención; y cualquier sentido que hallemos en sus palabras es como el sentido de una sonrisa en un bello rostro; algo que es inescrutable, esquivo y profundamente satisfactorio.

La unidad se presenta como poema en lenguaje rítmico, en una demostración de carácter. El ritmo no está únicamente en cierta composición medida de las palabras, sino también en un acoplamiento significativo de las ideas, en una música del pensamiento, producida por un sutil principio de distribución, que no es primariamente lógico, sino probatorio. El significado que contiene el vocablo «carácter» es difícil de definir. Está incluido en un especial agrupamiento de aspectos que les presta un ímpetu irresistible. La combinación que representa puede ser zafia, puede ser incompleta, discordante y, sin embargo, posee en su totalidad una fuerza dinámica que exige que se la reconozca, a menudo en contra de nuestros deseos de afirmar nuestra razón. Una avalancha tiene un carácter propio, que no tiene un montón de nieve, por grande que sea; su carácter está en su movimiento masivo y con sus incalculables posibilidades.

Le corresponde al artista el recordar al mundo que, con la verdad de nuestra expresión nos hacemos más verdaderos. Cuando el mundo hecho por el hombre es menos la expresión de su alma creadora que un artilugio mecánico destinado a aplicar cierto tipo de poder, entonces se endurece, adquiriendo eficiencia a costa de la sutil sugestión del desarrollo de la vida. En sus actividades creativas el hombre pone a la naturaleza en conexión armónica con su propia vida y amor. Pero con sus energías aplicadas a lo utilitario, lucha contra la naturaleza, la elimina de su mundo, la deforma y la mancilla con la fealdad de su ambición.

Este mundo construido por el hombre mismo, con sus chillidos y pavoneos discordantes, imprime en su mente el esquema de un universo que no tiene contacto con la persona y que, por lo tanto, carece de significado esencial. Todas las grandes civilizaciones desaparecidas debieron de llegar a su fin a través de una expresión equivocada de la humanidad de tipo semejante; a través del parasitismo a escala gigantesca, alimentado por la riqueza, por el aferramiento del hombre a su dependencia de los recursos materiales; a través de un burlón espíritu de negación, de negativa, que nos despoja de nuestros medios de sustento en el sendero de la verdad.

Le corresponde al artista proclamar su fe en la afirmación perdurable, y decir: «Creo que hay un ideal que se cierne sobre la tierra y la anega, un ideal de aquel Paraíso que no es una mera creación de la fantasía, sino la realidad esencial en la que residen y se mueven todas las cosas.»

Yo creo que la visión del Paraíso puede encontrarse en la luz del sol y en el verdor de la tierra; en la belleza del rostro humano y en la riqueza de la vida humana, incluso en objetos que son aparentemente insignificantes y poco atractivos. En todos los lugares de la tierra, el espíritu del Paraíso está despierto y eleva su voz. Alcanza a nuestro oído interior, sin que nosotros lo sepamos y templa el arpa de nuestra vida, la cual envía nuestras aspiraciones hechas música más allá de lo finito, no sólo en plegarias y esperanzas, sino también en templos que son lenguas de fuego en piedra; en cuadros que son sueños hechos perdurables y en la danza, que es la meditación estática en el corazón inmóvil del movimiento.

LA ESCUELA DE UN POETA

Por las preguntas que se me hacen a menudo, he llegado a tener la impresión de que el público reclama que el poeta que ha fundado una escuela —como yo, temerariamente, he hecho— pida disculpas por ello. Hay que admitir que el gusano de seda que hila su capullo y la mariposa que planea por los aires pertenecen a dos estadios diferentes de la existencia, opuestos el uno al otro. El gusano de seda parece tener acreditado a su favor un valor monetario en alguna parte del departamento de cuentas de la naturaleza, conforme a la tarea que ejecuta. Pero la mariposa es irresponsable. La importancia que pueda tener no tiene ni peso, ni utilidad y es transportada con ligereza sobre sus dos alas danzarinas. Tal vez le agrade a alguien a la luz del sol, al Señor atesorador de colores, que no tiene relación alguna con los libros de contabilidad y posee un dominio perfecto del gran arte del despilfarro.

El poeta puede ser comparado a esa alocada mariposa. Él también trata de transportar todos los festivos colores de la creación a la vibración de sus versos. Entonces, ¿por qué habría de encerrarse a sí mismo en una interminable tarea obligatoria que produzca algunos resultados buenos, serios y suficientemente respetables? ¿Por qué habría de hacerse responsable ante esa gente sensata que juzgará el mérito de su labor por la cantidad de beneficio que produzca?

Supongo que la respuesta de ese particular poeta sería que, cuando reunió, en un tarde de invierno, a un grupo de muchachos bajo la cálida sombra de los árboles *sal*, altos y rectos, de ramaje dignamente reducido, comenzó a escribir un poema por un medio que no era el de las palabras.

En estos días de afición al psicoanálisis, algunas mentes agudas pueden haber descubierto el manantial secreto de la poesía oculto en algún oscuro estrato de libertad reprimida, en alguna desazón constante de autorealización deformada. Evidentemente, en este caso tendrían razón. El fantasma de mi lejana infancia vino a pasearse por las oportunidades fallidas de sus primeros comienzos, buscó vivir en las vidas de otros niños, construir su paraíso perdido, como sólo los niños saben hacerlo, con ingredientes que puede que no tengan ningún material ortodoxo, medidas prescritas, ni valor establecido.

Esto trajo a mi memoria el nombre de otro poeta de la antigua India, Kalidasa; la historia de su vida no se ha escrito, pero es fácil de adivinar. Afortunadamente para los eruditos, no dejó tras sí indicación clara de su lugar de nacimiento y así tienen un tema que el tiempo olvidadizo ha dejado completamente en blanco, disponible para una interminable serie de desacuerdos. Mi erudición no pretende ser muy profunda, pero recuerdo haber leído en alguna parte que nació en la bella Cachemira. Desde entonces, dejé de leer las distintas discusiones referentes a su patria chica, por miedo a encontrarme con alguna sabia opinión contradictoria igualmente convincente. De cualquier modo, encaja perfectamente en el orden de las cosas el que Kalidasa hubiera nacido en Cachemira y le envidio, pues yo nací en Calcuta.

Pero el psicoanálisis no necesita sentirse decepcionado, pues él fue exilado de allí y enviado a una ciudad de la llanura, y su poema *Meghaduta* entero reverbera con el son de la tristeza que tenía su corona de sufrimiento «en recordar cosas más felices». ¿No es significativo que en este poema, la fantasía errante del amante, en búsqueda de la amada que vive en un paraíso de eterna belleza, se entretenga con un deliberado retraso placentero en cada colina, arroyo o bosque sobre los que pasa, contemple los obscuros ojos agradecidos de las jóvenes campesinas que dan la bienvenida a las nubes de junio, cargadas de lluvia, escuche a algún anciano de alguna aldea recitar bajo el árbol baniano una famosa leyenda de amor que han conservado siempre vivas las lágrimas y la sonrisas de generaciones de corazones sencillos? ¿No percibimos en todo esto al prisionero de la ciudad de piedra calcinada por el sol que se revela en una visión de gozo que, en su viaje imaginario, le sigue de colina en colina, le aguarda en cada revuelta del sendero que tiene los postes indicadores del cielo para los amantes exilados sobre la tierra?

No era una nostalgia física lo que sufría el poeta, sino algo mucho más esencial: la nostalgia del hogar del alma. Sentimos en casi todas sus obras la atmósfera opresiva de los palacios del rey de aquellos tiempos, insensibles en medio del lujo, densos con la dureza de la autocomplacencia, si bien con el ambiente de cultura refinada de una civilización pródiga.

El poeta de la Corte real vivió en el exilio; exilio de la inmediata presencia de lo eterno. Él sabía que no se trataba solamente de su propio exilio, sino del de toda la época en que había nacido, una época que había acumulado riquezas y perdido el bienestar, construido un almacén de objetos y perdido el gran universo que la respaldara. ¿Cuál era la forma en que su deseo de perfección aparecía persistentemente en sus dramas y poemas? Era la del *tapovana*, la residencia silvestre de la comunidad patriarcal de la India antigua. Aquellos que están familiarizados con la literatura sánscrita saben que no era ésa una colonia de gentes de mente y cultura primitivas. Eran buscadores de la verdad, por lo que vivían en una atmósfera de pureza, pero no de puritanismo, con una vida simple, pero no una vida de mortificación. No abogaban por el celibato y estaban en comunicación constante con la demás gente que había de llevar una vida de intereses mundanos. Su objetivo y su conducta han quedado indicados brevemente en la *Mundaka Upanishad* en estas líneas:

«Estos hombres graves, con la mente serena, habiendo alcanzado desde todos lados la unión con el espíritu omnipresente, penetran en el Absoluto.»

Ésta no fue nunca una filosofía de renunciación de carácter negativo, sino de una realización completamente comprehensiva. Sin embargo, la mente atormentada de Kalidasa, en la próspera ciudad de Ujjain y durante la gloriosa época de Vikramaditya, estrechamente presionado por todas las cosas que le oprimían y por su ser insaciable, dejaba a su pensamiento girar en torno a la visión del *tapovana* como inspiración, luz y libertad de su vida.

No fue una deliberada imitación, sino una coincidencia natural el que un poeta de la India moderna tuviese también una visión similar, al sentir en su interior la pesadumbre de un exilio espiritual. En tiempos de Kalidasa, la gente creía firmemente en el ideal del *tapovana*, la colonia en el bosque, y no pueden caber dudas de que incluso en esa edad existían comunidades de hombres que vivían en el corazón de la naturaleza; no ascetas fieramente empeñados en un suicidio lento, sino hombres de serena cordura que trataban de descubrir el sentido espiritual de su vida. Por lo tanto, cuando Kalidasa cantó al *tapovana*, sus poemas entraron en comunión inmediata con la fe viva de sus oyentes. Pero hoy en día, la idea del *tapovana* ha perdido todo contorno definido de realidad y se ha refugiado en el lejano país fantasma de la leyenda; por eso, en un poema moderno, sería algo meramente poético y su sentido se juzgaría por los cánones literarios. Igualmente, el espíritu del *tapovana*, en la pureza de su forma original, sería un anacronismo fantástico en estos tiempos. Consecuentemente, para poder ser puesto en práctica, ha de reencarnar dentro de condiciones modernas de vida y seguir siendo el mismo en esencia, no idéntico exclusivamente en el sistema. Esto fue lo que hizo al corazón del poeta moderno ansiar componer su poema en un lenguaje tangible. Pero debo contar la historia con cierto detalle.

El hombre civilizado se ha alejado mucho de la órbita de la vida normal. Se ha formado e intensificado gradualmente algunos hábitos que son como los de las abejas, para adaptarse a su mundo tipo colmena. Vemos con frecuencia a los nombres modernos sufrir de hastío, de cansancio del mundo, en un espíritu de rebelión contra lo que les rodea, que no parece tener causa alguna. Constantemente se introducen revoluciones sociales, con una violencia suicida que tiene su origen en el disgusto que nos produce esa organización de panal, el recinto demasiado exclusivo que nos priva de la perspectiva tan necesaria para darnos la proporción justa en nuestro arte de vivir. Todo esto es indicación de que el hombre no ha sido en verdad modelado sobre el patrón de la abeja y, por lo tanto, se vuelve temerariamente antisocial cuando se ignora su derecho a ser algo más que un ser simplemente social.

En las condiciones enormemente complejas de nuestra vida moderna, las fuerzas mecánicas están organizadas con tal eficiencia que los artilugios producidos van muy por delante de la capacidad selectiva y asimiladora que ha de tener el hombre para simplificarlos en consonancia con su naturaleza y sus necesidades. Tal superproducción inmoderada de objetos, como la vegetación exuberante de los trópicos, reduce al hombre al confinamiento. El nido es sencillo y tiene una relación simple con el cielo; la jaula es compleja y costosa, es demasiado ella misma, le deja a uno incomunicado con todo lo que se halla en el exterior. Y el hombre moderno está muy ocupado construyendo su jaula, desarrollando a toda prisa su capacidad de acoplamiento al monstruo, la *Cosa*, a la que permite que le rodee por todos lados. Esta siempre ocupado en adaptarse a sus angulosidades rígidas, se limita con sus limitaciones y acaba convirtiéndose en una mera parte de ella.

Esta charla mía puede les parezca demasiado oriental a algunos de mis oyentes, de quienes se me dice que creen que la constante tensión vital producida por el hombre y artificialmente cultivada de los objetos, genera y libera la energía que conduce a la civilización en su viaje sin fin. Yo, personalmente, no creo que ésta haya sido la principal fuerza conductora que ha llevado a la cumbre a ninguna de las grandes civilizaciones de las que tenemos noticia histórica. Pero he tocado este tema, no para discutirlo, sino para explicar la conducta de un poeta en su intento de pasarse a un dominio reservado a los expertos y a aquellos que tienen títulos académicos.

Yo nací en lo que era entonces la metrópoli de la India británica. Nuestros antepasados fueron arrastrados hacia Calcuta en la primera oleada de la fluctuante fortuna de la Compañía de las Indias Orientales. El código de vida convencional de nuestra familia, a partir de entonces, se centró en la confluencia de tres culturas: la hindú, la musulmana y la británica. Mi abuelo pertenecía a ese período en que la amplitud de ropaje y de cortesía y el ocio generoso estaban siendo gradualmente restringidos y cercenados por el estilo victoriano, que economizaba tiempo, ceremonias y la dignidad de la apariencia personal. Esto es para demostrar que vine a un mundo en el que el espíritu progresista alimentado en la ciudad moderna había justo empezado su carrera triunfal sobre la deliciosa vida natural de nuestra antigua comunidad aldeana.

Aunque el proceso de aplastamiento era casi completo a mi alrededor, no obstante, el lamento del pasado se escuchaba todavía sobre las ruinas. Yo había oído a menudo a mi hermano mayor describir, con una emoción de nostalgia desesperanzada, una sociedad hospitalaria, amable, con el añejo aroma de la gentileza natural, imbuida de una fe simple y de la poesía ritual de la vida. Pero todo eso eran sombras que se desvanecían a mi espalda con el dorado halo de un horizonte crepuscular y el hecho que rodeaba toda mi infancia era la ciudad moderna, recientemente edificada por una compañía de comerciantes occidentales y el espíritu de los tiempos modernos abriéndose su camino en nuestras vidas no habituadas a él y tropezando con incontables anomalías. Siempre me admira pensar que, aunque esa cerrada dureza de la ciudad era mi única experiencia del mundo, mi mente, sin embargo, se veía constantemente perseguida por las imaginaciones llenas de nostalgia del hogar, del exilado.

Parece que una remembranza subconsciente de alguna morada primigenia, en donde, en la mente de nuestros antepasados tenían voz y figura los misterios de las mudas rocas, el agua de los torrentes y los apagados susurros del bosque, estaba metida en mi sangre y me llamaba sin cesar. Algunas reminiscencias ancestrales vivientes parecían gritar en mí, añorando el claustro materno y el terreno de juego que sin duda compartí alguna vez con la vida primaria, en la magia inimitable de la tierra, el agua y el aire. El grito agudo y estremecedor de un milano volando alto bajo el sol abrasador del mediodía indio, enviaba a un muchacho solitario las señas de un distante y mudo parentesco. Los escasos cocoteros que crecían junto a la pared limítrofe de nuestra casa, como prisioneros de guerra de algún antiguo ejército de invasores de la tierra, me hablaban de la eterna camaradería que la gran hermandad de los árboles ha brindado siempre al hombre. Hacían que mi corazón se sintiese melancólico ante la invitación de los bosques. Tuve la buena suerte de responder a esta invitación en persona unos pocos años más tarde, cuando, siendo aún un niño de diez años, me encontré solo en los Himalayas bajo la sombra de los grandes árboles *deodar*, amedrentado por la profunda dignidad de la aristocracia más vieja del mundo, por su inconmovible fortaleza, que era terrible, al tiempo que cortés.

Mirando atrás hacia aquellos momentos de mi niñez, en los que mi mente entera parecía flotar inmersa en una amplia sensación de cielo y luz y mezclarse con la tierra obscura y la hierba reluciente, no puedo dejar de pensar que mis antepasados indios dejaron inscrito en lo hondo de mi ser el legado de su filosofía; la filosofía que habla de la realización alcanzada a través de la armonía con todas las cosas. Para bien o para mal, produce el efecto de despertar en nosotros un gran deseo de buscar la libertad, no en el mundo hecho por los hombres, sino en la profundidad del universo; y nos hace ofrecer nuestra reverencia a la divinidad que reside en el fuego, en el agua y en los árboles, en todo lo que se mueve y crece. La fundación de mi escuela tuvo su origen en la memoria de esa nostalgia de libertad, una memoria que parece remontarse a largo tiempo antes de mi nacimiento.

El concepto de libertad en el mero sentido de independencia no tiene ningún contenido y, por lo tanto, ningún significado. La libertad perfecta descansa en la perfecta armonía de la relación que establecemos con este mundo, no mediante nuestra reacción ante él, por el conocimiento sino por el ser. Los objetos que conocemos se mantienen a una distancia infinita de nosotros, que somos los conocedores. Pues conocimiento no es unión. En consecuencia, el lejano mundo de la libertad nos aguarda allí en donde alcanzamos la verdad, no percibiéndola con los sentidos o comprendiéndola con la razón, sino a través de la unión en la perfecta simpatía.

Los niños, con la virginidad de sus sentidos, llegan derechos a lo más íntimo de este mundo. Éste es el primer gran don que poseen. Han de aceptar el mundo como es, simple y desnudo, y no deben perder nunca su poder de comunicación inmediata con él. Para alcanzar la perfección hemos de ser vitalmente salvajes y mentalmente civilizados. Deberíamos tener el don de ser naturales con la naturaleza y humanos con la sociedad humana. La tristeza que yo sentía se debía a la soledad entre multitudes en la que vivía, en una ciudad en la que el hombre estaba por todas partes, sin un lapso siquiera que dejase paso a la inmensidad no humana. Mi alma exilada, perdida en el aislamiento civilizado de la vida de la ciudad, lloraba dentro de mí ansiando agrandar el horizonte de su experiencia. Yo era como el verso arrancado de una poesía, siempre en estado de suspensión, mientras el otro verso, con el que rimaba y que podía darle su plenitud, se perdía, borroso, en no sé qué lejanía brumosa e indescifrable. La capacidad gratuita de ser dichoso que lo mismo que los otros niños, había traído conmigo a este mundo, era constantemente gastada por la fricción con la organización granítica de la existencia, por los hábitos monótonamente mecánicos y el código acostumbrado de respetabilidad.

Fui enviado al colegio de la forma usual, pero posiblemente mi sufrimiento fuera inusual, mayor que el de la mayoría de los otros niños. La parte no civilizada que había en mí, era sensitiva, tenía una gran sed de color, música, de movimiento, de vida. Nuestro sistema de educación ciudadano no tomaba en consideración este hecho vital; tenía su furgoneta de equipajes esperando una carga de bultos sellados con garantías de valor comercial. La proporción de lo incivilizado y lo civilizado en el hombre, debería ser igual a la del agua y la tierra en nuestro globo, predominando la primera. Pero el colegio tenía por objetivo una continua extracción de lo incivilizado. Tal drenaje del elemento fluido causa una aridez que tal vez no sea considerada deplorable en el ambiente ciudadano. Pero mi naturaleza no logró acostumbrarse nunca a esas condiciones, a la callosa decencia del pavimento. Lo incivilizado triunfó en mí muy pronto y me apartó del colegio cuando acababa de cumplir los diez años. Me hallé extraviado en una solitaria isla de ignorancia y tuve que apoyarme solamente en mis propios instintos para hacerme una educación desde el principio mismo.

Esto me recuerda que cuando era joven tuve la gran suerte de tropezar con una traducción bengalí de *Robinson Crusoe*. Todavía creo que es uno de los mejores libros para niños que se han escrito nunca. Ya he hablado antes aquí de las ansias que de joven sentía de salirme de mí mismo y hacerme uno con todas las cosas de la naturaleza. He descrito este estado de ánimo como especialmente indio, como el fruto de un deseo tradicional de expansión de la consciencia. Hay que admitir que tal deseo es de carácter demasiado subjetivo, pero eso es inevitable, en nuestras circunstancias geográficas. Vivimos bajo la tiranía exorbitante de los trópicos, luchando con dureza a cada instante por el simple derecho a la existencia. El calor, la humedad, la indecible fecundidad de la vida menuda alimentándose de los seres mayores, las perpetuas causas de irritación, visibles e invisibles, dejan muy poco margen de reservas para experimentos extravagantes.

El exceso de energía busca obstáculos para su autorrealización. Por eso es por lo que encontramos tan a menudo en la literatura occidental un constante énfasis sobre los aspectos malignos de la naturaleza, en la que las gentes de Occidente parecen deleitarse en descubrir un enemigo por el puro placer de retarla a combatir. La razón que hizo a Alejandro expresar su deseo de encontrar otros mundos que conquistar cuando su conquista de este mundo estuviese terminada, hace que esa gente enormemente vital desee —cuando tienen algún respiro en su sublime misión de pelear contra objetos que son nocivos— salirse de su camino para extender los faldones de sus levitas en las calles públicas de las otras gentes y reclamar indemnización cuando se los pisotea. Para exponerse al excitante riesgo de ser heridos, están dispuestos a aceptar con gusto una serie interminable de molestias, a herir a otros que son inofensivos, bellos pájaros que saben escaparse volando, tímidas bestias que tienen la ventaja de habitar regiones inaccesibles, etc. Pero renuncio a la descortesía de mencionar a especies superiores en este contexto.

El cumplimiento del destino en la vida encuentra en su camino constantes oposiciones, pero éstas son necesarias para su buena marcha. El arroyo se salva de la lentitud de su corriente por la perpetua oposición del suelo a través del cual ha de abrirse camino y que forma sus orillas. El espíritu de la lucha pertenece al genio de la vida. Un instrumento ha de ser afinado, no porque ello revele una eficiente perseverancia frente a las dificultades, sino porque ayuda a ejecutar la música con perfección. Alegrémonos de que en Occidente se afine el instrumento en todas sus diferentes cuerdas, debido al gran hecho de que allí se siente un placer triunfante en su lucha de enfrentamiento con los obstáculos. El espíritu de creación que está en el corazón del universo no permitirá jamás, por su propio bien, que los obstáculos se supriman por completo. El espíritu combativo tiene grandeza solamente porque hay una verdad positiva en ese ideal de perfección que hemos de ganar con nuestra propia conducta para hacerla nuestra; no hay grandeza en el simple atletismo o en la ruda barbarie de la rapacidad voraz.

En *Robinson Crusoe* el deleite de la unión con la naturaleza halla su expresión en una historia de aventuras en la que el hombre solitario se encuentra cara a cara con la naturaleza solitaria, lisonjeándola, cooperando con ella, explorando sus secretos, usando todas sus facultades para ganarse su ayuda. El gozo que sentí al leer este libro no estaba en compartir el orgullo de un éxito humano ante el puno cerrado de una naturaleza recalcitrante, sino en la activa consecución de la armonía con ella mediante procedimientos, inteligentemente buscados, cuya consecuencia natural era el éxito. Y esto es la heroica aventura de amor de Occidente, el galanteo de la tierra.

Recuerdo cómo, en mi juventud, en un viaje por ferrocarril a través de Europa, de Brindisi a Calais, me acompañaba un sentimiento de asombro y deleite al darme cuenta de la enorme belleza de ese continente, que florecía por todas partes con un brillo de salud y riqueza, bajo el cuidado secular de su caballeresco amante, el hombre occidental. Él la había ganado, la había hecho suya, había destapado la inexhaustible generosidad de su corazón. Y deseé que la visión introspectiva del alma universal que el devoto oriental percibe en la soledad de su mente, pudiera unirse a este espíritu de su manifestación externa en forma de servicio, al ejercicio de la voluntad de desvelar la riqueza de la belleza y del bienestar, sacándola a la luz desde su tímida oscuridad.

Recuerdo también una mañana en que una mendiga de una aldea de Bengala recogió en la punta vuelta de su *sari* las flores mustias del jarrón de mi mesa, que estaban a punto de tirarse; y con extática expresión de ternura, enterró en ellas el rostro, exclamando: «¡Ah, amado de mi corazón!» Sus ojos podían atravesar el velo de las formas exteriores y alcanzar el de infinito en esas flores, en las que halló el tacto íntimo de su amado. Pero, a pesar de todo ello, le faltaba esa energía de adoración, la forma occidental del servicio divino directo, que ayuda la tierra a producir sus flores y extiende el reino de la belleza sobre el polvo desolado. Me niego a pensar que los espíritus gemelos de Oriente y Occidente, de María y Marta, no puedan encontrarse nunca para hacer perfecta la realización de la Verdad. Y, pese a nuestra pobreza material y el antagonismo del tiempo, yo espero pacientemente que se produzca ese encuentro.

La isla de Robinson Crusoe me viene a la mente cuando pienso en una institución en la que la primera lección de la perfecta unión del hombre con la naturaleza, no sólo a través del amor, sino mediante la comunicación activa, pudiera ser enseñada sin obstrucciones. Hemos de tener en cuenta el hecho de que el amor y la acción son sólo medios por los que se puede conseguir el conocimiento perfecto, pues el objeto de una institución de este tipo no habría de ser simplemente educar los miembros y la mente para estar bien preparado ante cualquier contingencia, sino adquirir la entonación perfecta en la sinfonía recíproca que se desarrolla entre la vida y el mundo; hallar el equilibrio de su armonía, que es sabiduría. La primera lección importante para los niños en un sitio así, sería la de la improvisación, suprimiendo de allí la constante imposición de lo ya convenido para darles ocasiones de explorar la propia capacidad mediante las sorpresas de los aciertos. He de dejar claro que esto representa una lección no de simple vida, sino de vida creativa. Pues la vida puede volverse compleja; y, no obstante, si en su centro hay una personalidad viviente, aún puede tener la unidad de creación, podrá transportar su propio peso con gracia perfecta y no será un mero añadido al número de los que sólo van a aumentar la multitud. Desearía poder decir que en mi escuela hemos realizado plenamente mi sueño. Pero sólo hemos dado el primer paso de introducción hacia él y hemos dado a los niños una oportunidad de hallar su libertad en la naturaleza si son capaces de amarla. Pues el amor es libertad; nos da esa plenitud de existencia que nos libra de pagar con nuestra alma objetos que son enormemente baratos. El amor ilumina este mundo con su significado y hace que el mundo sienta que en todas partes hay ese poco que es suficiente para la vida y que constituye, en realidad, un banquete. Yo conozco hombres que predican el culto a la vida sencilla, glorificando el mérito espiritual de la pobreza. Rehúso imaginar que haya ningún valor especial en la pobreza, cuándo es una mera negación. Sólo cuando la mente tiene la sensitividad precisa para responder a la llamada más honda de la realidad, se ve naturalmente apartada del hechizo de los valores ficticios de las cosas. Es la insensibilidad la que nos despoja de nuestro simple poder de gozar y nos condena a la indignidad de poner una vanidad estúpida en los muebles y en la disparatada carga de objetos costosos. Pero combatir la insensibilidad del lujo con la insensibilidad del ascetismo no es más que luchar contra un mal con otro, invitando al demonio despiadado del desierto a ocupar el lugar del demonio desenfrenado de la selva.

Yo procuré, lo mejor que pude, desarrollar en los niños de mi escuela la espontaneidad de sus sentimientos hacia la naturaleza, una sensitividad del alma en su relación con su entorno humano con ayuda de la literatura, las ceremonias festivas y también las enseñanzas religiosas que nos incitan a aproximarnos a la inmediata presencia del mundo a través del alma, poseyéndole así más de lo que puede medirse, lo mismo que se posee un instrumento, no por el simple hecho de tenerlo, sino produciendo música con él. Preparé para mis niños una verdadera entrada al hogar en este mundo. Entre otras asignaturas enseñadas al aire libre, bajo la sombra de los árboles, figuraban la música y la pintura y había también representaciones teatrales, actividades todas ellas que eran expresiones de la vida.

Pero, como ya he dado a entender, esto no era suficiente y yo esperaba a tener hombres y medios para ser capaz de introducir en nuestra escuela un vigor de trabajo activo, el gozoso ejercicio de nuestras energías inventivas y constructivas, que ayudan a formar el carácter y que, por su constante movimiento, barren fuera naturalmente todo amontonamiento de polvo, podredumbre y muerte. En otras palabras, yo sentí siempre la necesidad del genio occidental, para infundir a mi ideal educativo esa fuerza de realidad que sabe cómo desbrozar el sendero hacia una meta definida de beneficio práctico.

Los obstáculos eran numerosos para mí. La tradición de la comunidad que se llama a sí misma educada, las esperanzas de los padres, la preparación misma de los maestros, las exigencias y la constitución de la universidad oficial, estaban todos abrumadoramente alineados contra la idea que yo acariciaba. Por añadidura, no habiendo conseguido atraer las contribuciones de mis paisanos, nuestros fondos eran escasamente adecuados para mantener una institución en la que el número de alumnos había de ser necesariamente reducido. Afortunadamente, nos vino ayuda de un amigo inglés, quien tomó a su cargo el crear y conducir el trabajo de organización rural conectado con el Vishva Bharati. Él cree, como yo, en una educación que tenga en cuenta la totalidad orgánica de la individualidad humana, que precisa, para su salud de estímulos para todas sus facultades, físicas y mentales. Con objeto de tener libertad para llevar a efecto esta idea, comenzamos nuestra labor con unos pocos chicos que o bien eran huérfanos o tenían padres demasiado pobres para poder mandarles a ninguna escuela.

Antes de poco descubrimos que las mentes activamente aplicadas a una rutina de trabajo constructivo desarrollan rápidamente energías y buscan ansiosamente caminos para la obtención del conocimiento, emprendiendo, incluso, tareas extraordinarias para lograr resultados tan mecánicos como el perfeccionamiento de la caligrafía. Las mentes de esos niños se hicieron tan despiertas ante todos los acontecimientos que un hecho muy simple les hizo darse cuenta en un momento de las ventajas de aprender el inglés, lo que no figuraba en su programa de estudios. La idea les vino un día al enviar sus cartas, viendo al empleado de correos escribir en inglés en los sobres las señas que ya estaban escritas en bengalí. Inmediatamente fueron a pedirles a sus maestros que les enseñaran inglés en una clase adicional; y, lo que es más asombroso, esos bravos muchachos no se han arrepentido aún de su precipitación al escoger esas lecciones. Yo recuerdo todavía las violentas ideas criminales que asaltaron mi cerebro infantil cuando mi propio profesor de inglés hizo su aparición en el extremo de la calle que llevaba a nuestra casa.

Para estos muchachos, las vacaciones carecen de sentido. Sus estudios aunque fastidiosos, no son una carga, pues están permeados por un espíritu de fiesta que toma forma en actividades emprendidas en sus cocinas, en sus huertas, en los trabajos que hacen con tejidos y en las pequeñas reparaciones. A causa de que en su trabajo en las clases no han sido forzados y apartados de su vocación instintiva, sino que su labor se ha convertido en una parte del curso de su vida diaria, ésta es llevada con facilidad por su propio fluir hacia delante.

La mayoría de nuestros alumnos, cuando vinieron por primera vez, eran débiles de cuerpo y mente; los estragos que habían hecho en ellos la malaria y otras enfermedades tropicales, fatal herencia transmitida a través de muchas generaciones, les habían dejado como un campo devastado por años de guerras salvajes que hubieran convertido el suelo en algo anémico y estéril. Traían consigo una intolerable perversidad mental, el resultado de la sangre viciada y de una constitución física depauperada.

Los de casta brahmín eran presuntuosos; los no-brahmines resultaban lastimosos en su servilismo humillado. Todos odiaban hacer trabajo alguno para el bien común, por no ver que los otros, aparte de ellos mismos, obtuviesen la más mínima ventaja de su esfuerzo. Se ofendían de que se les pidiera que hiciesen para su propio beneficio la clase de trabajo que, según su idea de lo que era apropiado, debía ser realizado por un peón ordinario o por un cocinero a sueldo. No se avergonzaban de vivir de la caridad, pero les avergonzaba ayudarse a sí mismos. Posiblemente pensaran que era injusto que nosotros nos llevásemos el mérito y que ellos tuviesen que pagar, al menos, una parte de su precio.

Hubiera podido pensarse que esta mezquindad y envidia egoísta, esa letargia moral revelada en el ansioso deseo de beneficio que había en ellos, eran inherentes a su naturaleza. Pero en muy poco tiempo, todo eso cambió. El espíritu de sacrificio y camaradería, el deseo desinteresado de ayudar a los demás que han desarrollado estos chicos son raros incluso en niños que han tenido mejores oportunidades. Fue la vida sana y activa la que sacó a la luz, en un período de tiempo extremadamente breve, todo lo que había de bueno en ellos; y la acumulación de residuos impuros fue barrida por completo. La labor diaria que estaban haciendo los colocó frente a problemas morales en forma de dificultades concretas que reclamaban soluciones por su parte. La lógica de los hechos les mostró la realidad de los principios morales en la vida y ahora se sienten asombrados cuando ven a otros niños que no la comprenden. Ponen el mayor gusto en guisar, tejer, trabajar en el jardín, mejorar lo que les rodea y prestar servicios a los otros muchachos, a menudo en secreto, para no sentirse embarazados. En las organizaciones comunitarias ordinarias los miembros generalmente reclaman más de lo que se les da; pero estos muchachos simplifican voluntariamente sus necesidades, comprenden y aceptan con paciencia la inevitabilidad de la imperfección. Están habituados a comprender que la responsabilidad es principalmente suya y cada lujo se convierte en una carga si una gran parte de su peso no descansa en los hombros de otros. Por eso, en lugar de gruñir inútilmente por las deficiencias que ven, han de pensar y tratar de arreglárselas por sí mismos. Para mejorar su dieta, deben poner más celo en el cuidado de los vegetales que cultivan. Tienen sus herramientas y su ingenio natural para atender a sus pequeñas necesidades, y, aunque es seguro que sus empresas no darán resultados muy maduros, tendrán, sin embargo, un valor que excede al de todos los precios del mercado.

Por el gusto de darle un artístico toque de desorden a mi descripción desearía poder hablar de algún fallo en nuestro plan, de algún elemento imprevisto de inadaptación que tratase de romper la simetría de nuestro sistema. Pero, en honor a la verdad, he de confesar que no ha ocurrido todavía. Posiblemente nuestro clima tropical influye en esta apacibilidad de nuestro ambiente, en el que tal vez falte a nuestros chicos ese exceso de energía que, a menudo, tiende a desordenar las cosas que se les señalan incansablemente como dignas de protegerse, como el bello pavo real señalado por los aldeanos indios a los occidentales amantes de la caza. Posiblemente no es aún demasiado tarde para esperar que este nuevo experimento nuestro no resulte una imitación demasiado domesticada de un paraíso modelo para niños inofensivos. Estoy seguro de que antes de que pase mucho tiempo, algunos problemas imprevisibles de la vida harán su aparición para desafiar nuestras teorías y probar nuestra fe en nuestros ideales con rudas contradicciones.

Mientras tanto, habiendo comprobado que este ejercicio diario de adaptación del cuerpo y de la mente a las necesidades de la vida ha vuelto a estos muchachos intelectualmente vivos, hemos cobrado coraje, al menos para extender este sistema a la sección primaria de nuestra escuela, que es la más alejada de las marciales fronteras de nuestra Universidad. Los niños de esta sección, bajo la guía de un profesor ideal, que sabe que enseñar es aprender, acaban de construir su primera choza, de la que están incongruentemente orgullosos. Por sus maneras puedo ver que han empezado a pensar vagamente que la educación es una parte permanente de la aventura de la vida; que no es como un doloroso hospital donde hayan de curarse la enfermedad congénita de su ignorancia, sino una función saludable, la expresión natural de la vitalidad de sus mentes. De este modo, acabo de tener la buena fortuna de contemplar el primer tallo de vida, creciendo en un humilde rincón de nuestra organización. Mi idea es permitir que esta enredadera siga trepando, sin aplicarle ninguna etiqueta con una especial nomenclatura; dejarla crecer hasta que oculte por completo el palo seco que no da flores ni frutos naturales, pero que pone florituras en el pergamino de los diplomas que señalan el éxito en los exámenes.

Antes de terminar he de decir unas pocas palabras sobre un aspecto de los más importantes de mi procedimiento educativo.

Los niños tienen una activa mente subconsciente que, como los árboles, posee la capacidad de extraer su alimento del ambiente circundante. Para ellos, el ambiente tiene una importancia muy superior a la de las reglas y métodos, los procedimientos edificantes, la instrucción escolar y los libros de texto. El planeta tiene su masa de sustancia hecha de tierra y agua; pero, si se me permite hablar en sentido figurado, encuentra su inspiración de libertad, el estímulo de su existencia en su atmósfera. Esta es, como si dijéramos, el instrumento de su educación ininterrumpida. Hace brotar de sus profundidades una respuesta que toma forma de colores y perfumes, de música y movimiento; una incesante autorrevelación, la maravilla continuada de lo inesperado. En su sociedad, el hombre ha creado una difusa atmósfera cultural que está centrada siempre en él. Tiene el efecto de mantener su mente sensible a su herencia racial, a las corrientes de influencia que proceden de la tradición; le facilita la asimilación inconsciente de la sabiduría concentrada de los siglos. Pero en nuestras instituciones educativas solemos conducirnos como números, excavando para hallar únicamente cosas materiales, por medio de un laborioso proceso de trabajo mecánico, y no como un labrador de la tierra, cuyo trabajo se hace en perfecta colaboración con la naturaleza, en una pasiva relación de simpatía con su ambiente.

No obstante, yo traté de crear ese ambiente en nuestra institución, dándole lugar preeminente en nuestro programa de estudios, pues ha de haber un ambiente en el que se desarrolle la sensibilidad del alma, que permita a la mente encontrar su verdadera libertad de armonía. La apatía y la ignorancia son las peores formas de esclavitud para el hombre; son los muros insalvables de la prisión que transportamos con nosotros a todas partes, cuando estamos entre sus garras. En las instituciones educativas, nuestra facultad razonadora ha de ser alimentada, con objeto de dar a nuestra mente libertad para moverse en el mundo de la verdad, a nuestra imaginación en el mundo que pertenece al arte y a nuestra simpatía el mundo de las relaciones humanas. Esta última es incluso más importante que aprenderse la geografía de países extranjeros.

A las mentes de los niños de hoy se las ha hecho casi deliberadamente incapaces de comprender a otros pueblos con diferentes lenguajes y costumbres. Esto es causa de que cuando nuestras mentes en desarrollo reclaman el contacto, tropecemos unos con otros en las tinieblas, nos hiramos uno a otro en nuestra ignorancia, suframos de la peor clase de ceguera de esta edad. Los mismos misioneros cristianos han contribuido a cultivar esta ausencia de sensitividad y este desdén por las razas y las civilizaciones ajenas. En nombre de la hermandad y con la ceguera de su orgulloso sectarismo crean la confusión y la incomprensión y las eternizan en sus libros de texto, enumerando las vulnerables mentes de la juventud. Yo he tratado de salvar a nuestros niños de semejante mutilación del amor humano natural, con ayuda de amigos de Occidente, quienes, con su afectuosa comprensión, nos han prestado el mayor de los servicios.

AFORISMOS

Dormía..., dormía y soñaba que la vida no era más que alegría. Me desperté y vi que la vida no era más que servir... y el servir era alegría.

*

Como un diamante tallado que necesita la luz para mostrarse en todo su esplendor, así el alma humana en su propia esencia no puede manifestarse y permanece oscura. Sólo cuando refleja la luz de algo más grande es cuando se manifiesta a sí misma.

*

La verdadera amistad es como la fosforescencia, resplandece mejor cuando todo se ha oscurecido.

*

Si te dignas guardarme a tu lado en el camino del peligro y de la osadía, si me permites que comparta contigo los grandes deberes de tu vida, conocerás mi verdadero ser.

*

Cuando mi voz calle con la muerte, mi corazón te seguirá hablando.

*

El amor es el significado ultimado de todo lo que nos rodea. No es un simple sentimiento, es la verdad, es la alegría que está en el origen de toda creación.

*

El hombre en su esencia no debe ser esclavo, ni de sí mismo, ni de los otros, sino un amante. Su único fin está en el amor.

*

Sólo yo tengo el derecho de corregir, pues sólo puede castigar quien ama.

*

La poesía es el eco de la melodía del universo en el corazón de los humanos.

*

Aunque le arranques los pétalos, no quitarás su belleza a la flor.

*

El bosque sería muy triste si sólo cantaran los pájaros que mejor lo hacen.

*

Las cosas que divierten a Dios no son siempre divertidas para nosotros, los humanos.

*

La vida es la constante sorpresa de saber que existo.

*

La fe engaña a los hombres, pero da brillo a la mirada.

*

Para los hombres, aceptar es dar; para las mujeres, dar es recibir.

*

No hay más que una historia: la historia del hombre. Todas las historias nacionales no son más que capítulos de la mayor.

*

Los hombres son crueles, pero el hombre es bueno.

*

Tú no ves lo que eres, sino su sombra.

*

El entendimiento agudo y sin grandeza lo pincha todo, pero nada mueve.

*

Hacer preguntas es prueba de que se piensa.

*

Como un mar, alrededor de la soleada isla de la vida, la muerte canta noche y día su canción sin fin.

*

Llevo en mi mundo que florece todos los mundos que han fracasado.

*

Para quien lo sabe ver y amar, el mundo se quita su careta de infinito y se hace tan pequeño como una canción, como un beso.

Sólo hay una historia: la historia del hombre. Todas las historias nacionales no son sino meros capítulos.

*

Mientras que Dios espera que su templo se construya con amor, el hombre aporta piedras.

*

La patria no es la tierra. Sin embargo, los hombres que la tierra nutre son la patria.

*

Convertid un árbol en leña y podrá arder para vosotros; pero ya no producirá flores ni frutos.

*

La tierra es insultada y ofrece sus flores como respuesta.

*

Ganarse la vida en este mundo no puede ser el destino del hombre. La civilización consiste en algo más que la mera subsistencia. Los más bellos logros de la civilización han surgido del ocio.

*

Muchos de los pecados que Chitragupta recoge en su gran libro, a las puertas del cielo, los han cometido hombres que no saben que los han cometido.

*

La verdad no está de parte de quién grita más.

*

El amor es una celda, pero con sus puertas abiertas.

*

No es tarea fácil dirigir a hombres; empujarlos, en cambio, es muy sencillo.

*

Los devotos señores de la guerra, convencidos de la justificación de sus atrocidades, nunca han dejado de establecer alianzas con la divinidad para torturar y aniquilar a gran escala.

*

Que la religión, aunque se ha administrado frecuentemente como opio para el pueblo, no se originó con ese propósito es algo que ignoran frecuentemente los pensadores que se inclinan por la explicación económica del fenómeno social.

*

Llevo dentro de mí mismo un peso agobiante: el peso de las riquezas que no he dado a los demás.

*

Mi religión consiste en la reconciliación del hombre superpersonal, el espíritu humano universal, con mi propio ser individual.

*

Déjame sólo un poco de mí mismo para que pueda llamarte mi todo.

*

No pido estar libre del temor, sino tener el valor de enfrentarme a él. No pido el fin de mi sufrimiento, sino corazón suficiente para abrazarlo.

*

Es fácil hablar claro cuando no va a decirse toda la verdad.

*

La verdad levanta tormentas contra sí que desparraman su semilla a los cuatro vientos.

*

Engarza en oro las alas del pájaro y nunca más volará al cielo.

Made in the USA
Columbia, SC
28 November 2023